DE LA VENTE DU DOMAINE

DE

St-CRICQ

APPARTENANT

A L'HOPITAL D'AUCH

Par **M. Jules SOLON**

Juge au Tribunal d'Auch

AUCH

Chez ICARD, FALIÈRES, COUGET
LIBRAIRES
—
1863

AVANT-PROPOS.

—

Toutes les questions qui se rattachent à l'assistance hospitalière n'ont pas cessé, en France, durant ces dernières années, de remuer profondément l'opinion publique. L'agitation a surtout été produite par la Circulaire de M. le Ministre de l'Intérieur, du 15 mai 1858, dont les termes ne tendaient à rien moins qu'à la vente d'un demi-milliard d'immeubles appartenant aux Hospices et aux Bureaux de Bienfaisance, pour en opérer la conversion en rentes sur l'État.

Dans les vives discussions soulevées par cette mesure, des esprits aventureux n'ont point manqué de poser la question de savoir si *l'Hôpital était une nécessité permanente de notre état social?* Leur réponse a été bientôt ainsi formulée: Les Hôpitaux doivent tomber comme des monuments de piété devenus inutiles, et leur suppression est le but vers lequel doivent aspirer tous les efforts des hommes de progrès qui calculent mathématiquement ce que coûte un malade entretenu dans un hospice et un malade soigné à domicile.

Pour ces hommes de progrès, une large et bienfaisante mutualité doit remplacer, dans un avenir prochain, la vieille assistance hospitalière qui a fait son temps, et on nous montre les Sociétés de Secours mutuels, répandues sur tout le territoire de l'Empire, donnant à l'ouvrier malade des soins et des médicaments gratuits, à sa famille une assistance aussi morale qu'efficace, inspirant enfin pour l'Hôpital une répugnance qui, du peuple des campagnes, pénètre de plus en plus chez les ouvriers des villes et des agglomérations industrielles.

Pour nous, hommes plus vieux et plus arriérés, nous ad-
mettons comme éminemment utile la Société de Secours mutuels, à la condition, toutefois, qu'il sera permis (à titre de
décentralisation) à plus de vingt journaliers de se réunir et
de se cotiser, pour l'assistance en cas de maladie, sans que
l'État intervienne par les Préfets et les Sous-Préfets, nomme
le Président de cette Réunion, et gouverne ce petit groupe
en gérant ses menus fonds...... Mais, nous ne songeons pas,
sans effroi, aux misères sans cesse renaissantes qui surgissent
des profondeurs de notre société bouleversée par tant de
Révolutions, et nous disons : *Il faut qu'il y ait des Hospices,
parce qu'il y aura toujours des pauvres parmi nous. Donc, il
faut que les Hospices aient des biens et des propriétés.*

C'est avec cette conviction bien arrêtée que nous avons dé-
posé, dans l'enquête ouverte du 22 mai au 5 juin 1862, une
protestation contre la vente du domaine de St-Cricq, appartenant à l'Hôpital d'Auch, proposée par la Commission Administrative de cet Établissement. Nos observations n'ont
point été isolées, et on nous assure que le Commissaire dési-
gné pour diriger l'enquête s'est lui-même prononcé contre
cette aliénation.

Malgré tout, l'Administration persiste..... On veut arriver
à la vente du domaine de St-Cricq, et une décision en dernier ressort sera bientôt rendue. Qu'une salutaire publicité,
puisqu'il en est temps encore, appelle l'attention de nos
concitoyens sur cette grave mesure ! A chacun la responsa-
bilité de ses actes et de ses œuvres.

DE LA VENTE DU DOMAINE DE S^T-CRICQ,

APPARTENANT

à l'Hôpital d'Auch.

I.

CONSIDÉRATIONS PRÉLIMINAIRES.

Le 15 mai 1858, le général Espinasse, Ministre de l'Intérieur, adressait aux Préfets de l'Empire une Circulaire relative à la vente des biens des Hospices.

« Je vous invite, M. le Préfet, disait le Général-Ministre,
« à user de toute votre influence, et, au besoin, de toute
« votre autorité, pour amener les Commissions administra-
« tives des Etablissements de Bienfaisance à voter l'aliénation
« des biens-fonds, dont le revenu net serait notablement in-
« férieur aux neuf dixièmes des arrérages de la rente sur
« l'Etat, qui pourrait être affectée avec le prix de vente de
« ces biens...... »

« Si quelques Commissions résistaient, sans justifier leur
« opposition, vous aviseriez aux moyens de vaincre leur refus
« de concours...... »

« Je compte, M. le Préfet, sur vos efforts soutenus pour
« accomplir cette œuvre de transformation de la dotation
« immobilière de l'assistance publique. La part que vous y
« prendrez sera mise sous les yeux de l'Empereur, et je sais
« d'avance que Sa Majesté remarquera avec satisfaction ceux
« de MM. les Préfets qui auront le plus contribué au succès
« d'une mesure dont le but est de soulager plus efficacement
« les malheureux...... »

C'est cinq ans après cette Circulaire, dont les termes avaient excité une émotion générale dans le pays, que la Commission administrative de l'Hôpital d'Auch propose *la transformation de la dotation immobilière* de cet établissement, en décidant la vente du domaine de St-Cricq.

C'est, après soixante-dix ans de révolutions, la mesure la plus révolutionnaire qui pouvait être prise contre les fondations pieuses de nos établissements charitables. Vers la fin du dernier siècle, en 1780, le ministre Necker, un philanthrope, dans son rapport au roi Louis XVI, avait rejeté de semblables expédients pour ne pas exciter des défiances publiques, et par respect pour la propriété, pour *cette propriété corporative si sagement garantie et pratiquée en Angleterre comme en Amérique, si follement méconnue par nos législateurs modernes, et dont la coexistence est indispensable à la propriété individuelle pour garantir et consolider celle-ci*..... (1)

Dans la longue Histoire des Hôpitaux français, qui offre le perpétuel spectacle, selon la belle expression de M. A. Cochin, *de la Religion qui inspire, de la Charité qui donne et de la Prudence qui conserve*, cette mesure n'avait jamais été réalisée.

En remontant bien haut, aux Actes du Concile d'Orléans, tenu en l'an 549, nous voyons le Concile s'exprimer ainsi :

> « Nous approuvons la fondation d'un Hospice, fait
> « dans la ville de Lyon, par le roi Childebert et son
> « épouse. Què les revenus de cette fondation ne soient
> « jamais diminués pour quelque cause que ce soit, et
> « que celui qui lui enlèverait une partie de ses biens
> « soit frappé d'anathème, comme meurtrier des pau-
> « vres. » (M. DE WATTEVILLE. *Législation charitable*, **Préface II.**)

Assurément, nous n'avons aucune envie d'en revenir au roi Childebert et à son épouse, mais il faut convenir que, de l'an 549 à 1862, nous avons beaucoup progressé pour arriver à cette théorie qui proclame qu'il faut vendre le bien des Hospices, *le Bien des Pauvres.*

Il faut qu'il y ait des Hospices. C'est une nécessité sociale, parce qu'il y aura toujours des pauvres parmi nous. Donc, il faut que les Hospices aient *des biens*, des propriétés.

---

(1) Qui parviendra à consolider, à rétablir dans la conscience des masses, cette notion de la propriété qui a déjà reçu de si rudes atteintes et que menacent bien d'autres dangers? N'est-ce pas encore une fois la Religion? car, on l'a dit très-justement, pour croire à la propriété, quand on ne croit pas à Dieu, il faut être propriétaire. Eh! qui donc pourrait contenir et réprimer cette passion universelle du bien-être dont nous risquons tous d'être à la fois complices et victimes, si ce n'est l'Eglise Catholique; elle qui a toujours consacré l'inviolabilité de la propriété, mais en inspirant au propriétaire l'esprit de sacrifice et d'abstinence, en imprimant à la propriété elle-même le caractère d'une charge et d'une obligation morale?.......... L'Eglise libre dans l'Etat libre. — (Discours de M. le comte de Montalembert au Congrès de Malines. 18-22 août 1863.)

Or, nous n'appelons pas *biens*, *propriétés*, des rentes sur l'Etat, soumises, en temps de révolutions, à toutes les variations, à toutes les fluctuations politiques qui peuvent agiter un pays.

Vous êtes un *rétrograde*, nous dira-t-on, un partisan *des biens de main-morte ?* Nous répondons, oui, un rétrograde, en ce sens que nous sommes pour *la Liberté et la Propriété des Biens des Pauvres*. Nous préférons ce système à celui qui aboutit à une *main-mise* sur les biens des établissements hospitaliers. Nous sommes pour la *main-morte* contre la *main-mise*.

Combien nous devons regretter, en présence des théories ayant cours de nos jours, l'*instabilité* qui plane, à Auch tout au moins, sur le personnel des Commissions administratives des Etablissements charitables, et qui a succédé à la *stabilité* d'autrefois. Combien nous devons regretter surtout ces changements périodiques qui ont pour effet d'établir une séparation absolue *entre les grandes traditions administratives du passé* et les errements présents! Pourquoi enfin aucun membre du clergé d'Auch ne figure-t-il plus dans les Commissions de l'Hôpital et de la Maison Départementale de Secours? Pourquoi cette exclusion?

Un membre du clergé aurait très-certainement fait prévaloir toutes les considérations religieuses qui s'opposent à la vente des propriétés de l'Hôpital d'Auch, et principalement du domaine de St-Cricq. Il n'aurait eu qu'à s'inspirer de la pensée de Mgr de Salinis, Archevêque d'Auch, qui, peu de mois après la circulaire du général Espinasse, le 15 novembre 1858, s'écriait avec énergie dans une délibération de la Commission administrative dont il était membre, alors qu'il s'agissait de l'aliénation de terrains éloignés dont le prix devait être employé à l'amélioration ou aux réparations du domaine de St-Cricq tout entier : « Qu'il ne fallait jamais
« vendre les parcelles longeant la route d'Auch à Toulouse,
« afin que le public fût bien convaincu que la Commission
« administrative avait persévéré dans son libre arbitre et
« dans la ferme volonté de conserver à l'Hôpital sa dotation
« immobilière, et que l'on ne pût pas croire qu'elle avait subi
« la pression de l'Administration. »

Quant à nous, il ne nous reste qu'à accomplir un devoir, celui de présenter en FAIT et en DROIT les raisons qui empêchent invinciblement l'aliénation du domaine de St-Cricq.

II.

QUESTION DE FAIT.

La fondation de l'Hôpital général d'Auch n'est pas très-ancienne. Elle est due aux libéralités d'un vénérable Archevêque, Mgr de Maupeou, qui a illustré son trop court épiscopat (1705 à 1713) par les œuvres de bienfaisance les plus pieuses, notamment par la construction de la chapelle du Grand-Séminaire, et qui, par son testament, léguait aux pauvres de son diocèse une somme de 170,000 livres (1). Pour suivre les généreuses intentions de ce grand prélat, décédé en 1712, ses héritiers affectèrent une somme de 63,000 livr. à la fondation de *l'Hôpital général*, auquel on donna le nom de *St-Augustin*, patron de son bienfaiteur (2). Il y avait aussi

---

(1) V. P. Lafforgue. *Histoire de la Ville d'Auch.* — 1861 — Brun, libraire. — tom. II, pag. 238, 239.

(2) Au rang des bienfaiteurs de la ville d'Auch, après Mgr de Maupeou, après l'illustre Intendant d'Étigny, la reconnaissance de nos contemporains a placé M. de Lascours. Des nombreux et trop nombreux Préfets qui, depuis 60 ans, se sont succédés dans le Gers, M. de Lascours est celui dont la mémoire est surtout vénérée au milieu de nous. La ville d'Auch lui doit ses Établissements les plus utiles, ses Écoles gratuites d'enseignement, de Dessin et d'Architecture, la Maison de *Charité de la Miséricorde*, la création d'une Caserne de Gendarmerie dans le Couvent des anciens Cordeliers; c'est lui qui, en provoquant, en 1821, la suppression de *la Maison de Force* du quartier de la Treille où étaient reçus les mendiants et les aliénés, fonda dans les vastes bâtiments des Capucins la *Maison départementale de Secours*. Tout ce bien a été accompli de 1817 à 1824, c'est-à-dire dans des moments difficiles. Mais, aussi, rien ne lui a manqué, la naissance, la parfaite éducation, les lumières, un caractère plein d'honneur et de loyauté, et près de lui une femme d'une exquise piété et d'une charité sans bornes. Il avait été élevé par *une mère chrétienne*. Avec lui, la raideur, la morgue, la sécheresse, étaient bannies bien loin de la Préfecture. Avec quelle politesse et quelle affabilité, il accueillait tous ceux qui venaient à lui! Dans ses tournées, quel empressement plein de bonté à s'entretenir, avec les Maires, d'affaires administratives et des besoins de leurs administrés,

à Auch un ancien Hôtel-Dieu *de St-Sébastien*, institué pour les pauvres malades et pour recevoir les passants; il fut supprimé en 1743, c'est-à-dire peu de temps avant le décès de M. le chanoine de Verduzan de St-Cricq, survenu le 2 mars 1744.

Depuis cette époque, et de nos jours, les donations immobilières faites à l'Hôpital général d'Auch ont été peu importantes. Mais aussi, de quelles entraves ne sont pas environnées les fondations charitables, et de quel courage ne faut-il pas s'armer pour les réaliser? Ainsi, par exemple, en 1835, plus de 25,000 fr. ont été pieusement légués à l'Hôpital *pour être employés en acquisitions d'immeubles, et cette condition n'a jamais été remplie!*

En fait, c'est pour transformer en rentes sur l'Etat le prix du domaine de St-Cricq qu'on en propose la vente. La Commission administrative préfère *la rente à la propriété,* sans tenir compte des faits si graves qui se sont accomplis pour l'Hôpital d'Auch dans une période de dix ans. *La Commission administrative de* 1862 a-t-elle donc oublié les raisons péremptoires sur lesquelles se fondait *la Commission administrative de* 1860 dans un Mémoire adressé à M le Préfet du Gers? (1) Le registre des délibérations n'est-il pas là d'ailleurs pour montrer que toutes les Commissions, résistant depuis 30 ans aux demandes pressantes de l'Administration supérieure, ont toujours hautement déclaré que l'on ne pouvait, sans manquer aux règles de la justice, changer la destination des biens des fondations pieuses faites en faveur de l'Hôpital.

Ainsi, en 1837, le 20 mai, la Commission administrative repousse avec force une proposition de M. le Ministre de l'Intérieur, et décide, à l'unanimité (2), que le domaine de

---

sans jamais se laisser détourner de ces graves devoirs par des distractions puériles! Qui ne se souvient, à Auch, de l'avoir rencontré parcourant, entouré de témoignages de respect, cette belle chaussée qui s'étend d'Auch au village de Pavie?

(1) Mémoire adressé à M. le Préfet du Département du Gers, sur l'état de détresse créé à l'Hôpital d'Auch par l'obligation qui lui est imposée de subvenir, sur ses seules ressources, aux dépenses intérieures des enfants trouvés. — (Auch, imp. et lith. Félix Foix, rue Balguerie. — sans date, mais imprimé en 1860). — Nous recommandons aux collectionneurs présents et futurs du Gers ce Mémoire qui est devenu introuvable, et qui, *à peine éclos, a à peine vu le jour,* probablement parce qu'il a été tiré à un infiniment petit nombre d'exemplaires.

(2) Les membres présents étaient MM. Druilhet, maire; Laporte, président du Tribunal; Sancet, négociant; Bazin, vice-président, et Dussereta, conservateur des hypothèques.

St-Cricq ne sera pas vendu. « Aux yeux du public, dit-elle,
« rien n'est aussi assuré que la propriété immobilière, alors
« surtout que l'on a vu le domaine de St-Cricq traverser les
« révolutions sans cesser d'appartenir aux pauvres. *Vendre
« St-Cricq, serait tarir la source des dons à l'Hospice.* La
« faveur et la confiance de la propriété sont telles que, sur
« 25,175 fr. de dons manuels faits en 1835 par des personnes
« inconnues, tous l'ont été à condition que les sommes remises
« seraient employées en achats d'immeubles, aussitôt que le
« moment favorable se présenterait. »

En 1846 et en 1856, la Commission repousse avec la même
énergie l'aliénation de St-Cricq, en ajoutant que : « *L'Hos-
« pice étant fondé à perpétuité,* ses propriétés ne doivent pas
« être administrées dans des vues d'avantages ou d'intérêts
« passagers, et que la vente tournerait au détriment de
« l'Hospice, parce que l'augmentation du revenu résultant de
« la vente serait compensée, au bout d'un certain nombre
« d'années, par la diminution du capital et même des re-
« venus, suite inévitable de la diminution de la valeur
« monétaire. »

Fidèle à ces décisions invariables, la Commission administrative de 1860 a insisté avec une évidence irrésistible de
raisonnement sur l'impossibilité de changer la destination
des revenus des biens reçus par l'Hôpital pour le soulagement des malades et l'entretien des pauvres (1). « Ces dons,
« ces legs, qui lui ont été faits, sont tous sous condition. Il
« n'a entre ses mains que des fidéicommis. Les véritables
« propriétaires des biens qu'il détient, ce sont les infortunés
« pour le soulagement desquels ces biens lui ont été remis
« en dépôt. Si l'on parcourt les titres de propriété de l'Hô-
« pital, que ce soit des donations ou des legs, on voit qu'ils
« sont tous sous condition, et les conditions nettement for-
« mulées ne laissent aucun doute sur l'infortune que les mou-
« rants, en donnant ou léguant, ont entendu secourir..... »

A un autre point de vue, ce qui ressort du *Mémoire* de la
Commission administrative de 1860, c'est qu'elle préfère *la
propriété à la rente.* Elle ne pouvait qu'être préoccupée au
plus haut degré de la diminution si grave des ressources de
cet établissement. En 1847, année calamiteuse à raison de la
cherté des denrées alimentaires, il avait fallu, pour vivre,
aliéner une inscription de 1,200 fr. de rente sur l'Etat. En
1856 et 1857, années plus désastreuses encore, la nécessité

---

(1) Mémoire sur l'état de détresse créé à l'Hôpital d'Auch......

avait contraint l'Administration à vendre une seconde inscription de 1,200 fr. de rente sur le Grand-Livre, et à employer une somme de 16,000 fr. remboursée par des particuliers. C'était, en moins de dix ans, une perte, pour l'Hôpital d'Auch, d'un *capital de soixante-quatre mille francs.*

Mais, l'avenir, réservé aux rentes sur l'Etat, possédées par les établissements charitables, ne devait-il pas amener la Commission de 1862 à repousser la vente de St-Cricq?

En 1853, le réduction du 5 p. 0|0 en 4 1|2 p. 0|0 avait privé l'Hôpital d'Auch d'un revenu annuel de 1,500 fr.

En 1862, la conversion forcée du 4 1|2 en 3 1|2 p. 0|0 a été imposé à tous les Etablissements charitables!

En voici le résultat approximatif pour ceux de notre ville:

Soulte à payer par l'Hôpital, environ. . . . . 13,000 fr.
   — par le Bureau de Bienfaisance, environ 7,000

Soit, une perte pour les pauvres de la ville, de 20,000 fr.

C'est ainsi que, montrant l'Hôpital d'Auch *victime des années de disette et des mesures d'intérêt public,* la Commission, dans le Mémoire de 1860, disait avec une haute vérité : « Le « patrimoine du pauvre et du malade, constitué par la cha- « rité, recruté par elle, après avoir été successivement di- « minué, disparaîtra complètement; et l'effet de cette dispa- « rition sera tel que l'on ne songera plus à faire des dons et « des legs pour les pauvres et les malades, puisqu'on aura vu « les fonds ainsi donnés et légués affectés à des destinations « autres que celles que leur avaient assignées les dona- « teurs. »

III.

QUESTION DE DROIT.

En droit, la Commission administrative de l'Hôpital d'Auch ne peut proposer l'aliénation du domaine de St-Cricq.

Comment pourrait-on disposer d'un bien dont on connaît l'origine et la destination, et qui a été *donné* par un bienfaiteur pour être *conservé?* C'est, en principe, un patrimoine sacré qui n'a pas été transmis à l'Hôpital pour être transformé en rente servie par l'Etat ou l'Administration. (1)

Consultons, sur ce point, les termes mêmes employés par M. le chanoine Thomas de Verduzan de St-Cricq, dans son testament public du 29 octobre 1743. En déposant, dans cet acte de dernière volonté, une belle et pure disposition charitable, quelle a été sa pensée? Il a voulu *la spécialité* et *la perpétuité* de sa donation. Il a voulu donner à ses voisins, à ses compatriotes, à sa ville. Il a voulu qu'après lui le souvenir de son bienfait restât perpétuellement attaché à la terre léguée aux pauvres, et qui devait faire vivre son nom dans leur reconnaissance. (2)

---

(1) Le legs fait par M. le chanoine de Verduzan de St-Cricq à l'Hôpital d'Auch comprenait, avec le château de St-Cricq, le jardin, la garenne, le vaste hautain et le labourage d'une paire de bœufs qui y étaient attachés, la métairie de *Méauban* de six paires de bœufs, et les métairies de *Labourdasse* et de *devant St-Cricq*, de trois paires chacune; en totalité, plus de 260 hectares.

(2) Quelle charité publique est plus morale que celle qui se consacre à doter l'Hôpital? écrivait récemment un médecin des Hôpitaux de Paris. Quel plus sûr et plus honorable moyen de faire vivre son nom après soi, que de l'inscrire au fronton d'un établissement hospitalier? L'Hôpital Beaujon, l'Hôpital Necker, l'Hôpital Cochin, l'Hôpital Lariboissière, donnent aux noms qu'ils portent la plus pure, la plus haute noblesse, celle qui remonte à un bienfait social et institué pour toujours. (M. le docteur CHAUFFARD. *De l'Assistance hospitalière*).

La terre de ce bienfaiteur serait morcelée, vendue aux enchères? Des acheteurs auraient le droit de démolir les vieux restes de cet antique château qui porte son nom? La Bande noire aurait la faculté d'anéantir jusqu'aux derniers vestiges de ce domaine! Cela n'est pas possible; ce serait briser le testament de M. de St-Cricq.

En effet, deux dispositions de ce testament manifestent clairement la pensée et la volonté de M. le chanoine de St-Cricq.

Par la première, il dit : « Je lègue à noble Joseph Geraud « de Seisses de Sirac, mon cousin, la somme de dix mille « livres et mon argenterie. Cette somme lui sera payée aussi « d'abord après mon décès, et, à défaut de paiement de ladite « somme, je donne droit et pouvoir à mes exécuteurs testa- « mentaires de vendre mes biens à concurrence de dix mille « livres. »

Cette disposition si simple et si claire révèle seule la portée de l'Institution héréditaire qui va suivre :

« J'institue mon héritier général et universel en tous et « chacuns mes biens, noms, voix, droits et actions, en quoi- « que le tout puisse consister, l'Hôpital général St-Augustin « de la ville d'Auch, pour être employés à la subsistance, « l'entretien et le soulagement des pauvres et des malades du « susdit Hôpital, et encore pour être employés à l'instruction « gratuite des pauvres. »

M. de St-Cricq a donc voulu que son bien fût conservé aux pauvres de la ville d'Auch. S'il avait entendu leur léguer une somme d'argent, comme à son cousin de Seisses de Sirac, il aurait chargé ses exécuteurs testamentaires (au nombre desquels figurait M⁰ de Solle, avocat en Parlement) de l'aliéner et d'en remettre le prix à l'Hôpital St-Augustin.

Les pauvres malades et les orphelins, voilà les propriétaires incommutables du domaine de St-Cricq, ainsi que l'exprimait si bien, dans le *Mémoire sur l'état de détresse créé à l'Hôpital d'Auch*, la Commission administrative de 1860, que nous ne cesserons d'opposer à la Commission administrative de 1862. L'Hôpital n'en est que le propriétaire apparent. Le legs qui lui a été fait n'est que sous condition, et il n'a entre ses mains qu'un fidéicommis. Les seuls et vrais propriétaires des biens qu'il détient, ce sont les infortunés pour le soulagement desquels ces biens lui ont été remis en dépôt.

L'aliénation projetée par la Commission administrative est

donc contraire à la volonté du donateur. Elle est contraire aussi à l'esprit ancien de la Législation qui régit nos établissements charitables.

Un avis non abrogé du Conseil d'Etat, du 7 octobre 1809, porte qu'il serait préjudiciable aux Hospices d'affermer les bois, vignes, champs, prés, qui sont à leur proximité, et leur fournissent ou aident à leur procurer les légumes, grains, laitage, boisson et chauffage, nécessaires à l'entretien, à la nourriture et au traitement des pauvres et malades.

Un simple bail serait préjudiciable, et *on propose de vendre une terre considérable*, située à quelques kilomètres de l'Hôpital, qui peut, à chaque instant, y envoyer ses pauvres malades (1), ses convalescents, ses enfants trouvés.........., qui peut y fonder une colonie agricole, sur l'initiative et avec l'assistance du Conseil général du Gers, colonie dont la prospérité certaine serait un véritable bienfait pour notre pays, si cette simple proposition pouvait être agréée par les vingt-neuf membres composant ce Conseil.......! Non, encore une fois, cette vente n'est pas possible.

Veut-on tarir les sources de la charité publique, il ne reste plus qu'à inscrire sur les portes des Etablissements de Bienfaisance ce simple avis :

> *Les Immeubles donnés aux Hospices seront vendus et transformés en rentes sur l'Etat.*

Si j'avais l'honneur d'être membre d'une Commission d'une Maison hospitalière, ma main se sècherait avant de signer une semblable proposition, *la vente du bien des pauvres!*

---

(1) En Angleterre, depuis le règne de Georges Ier, les paroisses ont été autorisées à fonder des Établissements, dits *Workhouses*, Maisons des pauvres, destinés à recueillir les indigents et à faire travailler ceux qui en sont capables. Chaque maison de travail est pourvue d'une pièce de terre annexée à l'Établissement et cultivée par les convalescents ou pauvres valides.

L'étranger qui arrive à Londres cherchera vainement sur les édifices le nom des Administrations publiques; il n'y lira que cette simple inscription: *Supported by voluntary Contributions.* — (DE FRANQUEVILLE. — Les Institutions politiques, judiciaires, administratives de l'Angleterre. — Paris, HACHETTE. 1863).

En ce moment, le sort et l'avenir du patrimoine des pauvres de la ville d'Auch sont entre les mains du Conseil municipal. Nous ne terminerons pas sans un appel à son dévouement, qui ne peut pas faire défaut aux intérêts charitables de notre ville.

La Loi du 7 Août 1851, art. 10, porte cette disposition : « L'aliénation des biens immeubles formant la dotation des « Hospices et Hôpitaux ne peut avoir lieu que sur l'avis « conforme du Conseil municipal. » — Pourquoi cet avis conforme? Parce que, ainsi que le disait M. de Melun dans son rapport sur cette loi, ces aliénations sont trop souvent provoquées par le Pouvoir central.

Le Conseil municipal d'Auch, se plaçant sur le terrain de la légalité et de la charité, donnera un avis contraire à l'aliénation du domaine de St-Cricq. Il *conservera* ainsi aux pauvres ce qu'un généreux bienfaiteur, dont le nom ne doit pas périr, leur *a donné* pour être *conservé*.

NOVEMBRE 1863.